AF261876

LE DIMANCHE

DE

L'OUVRIER

PAR

Fénelon GIBON

SECRÉTAIRE DE LA SOCIÉTÉ GÉNÉRALE D'ÉDUCATION
ET DE L'ASSOCIATION POUR LE REPOS ET LA SANCTIFICATION DU DIMANCHE

Avec une lettre d'introduction de M. Cheysson
DE L'INSTITUT

DEUXIÈME ÉDITION A 100.000 EXEMPLAIRES

S'ADRESSER A L'AUTEUR, 70 bis, rue Dutot, PARIS (XVᵉ)

113ᵉ Mille

LE DIMANCHE

L'OUVRIER

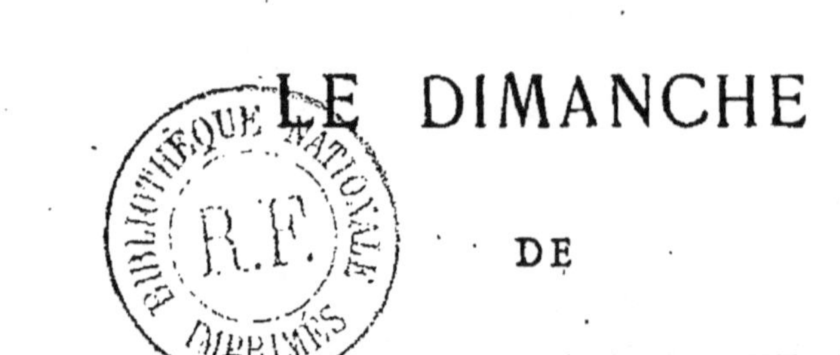

LE DIMANCHE

DE

L'OUVRIER

PAR

Fénelon GIBON

SECRÉTAIRE DE LA SOCIÉTÉ GÉNÉRALE D'ÉDUCATION
ET DE L'ASSOCIATION POUR LE REPOS ET LA SANCTIFICATION DU DIMANCHE

Avec une lettre d'introduction de M. Cheysson
DE L'INSTITUT

DEUXIÈME ÉDITION A 100.000 EXEMPLAIRES

S'ADRESSER A L'AUTEUR, 70 bis, rue Dutot, PARIS (XVe)

DIVISION DE LA BROCHURE

Pourquoi cette brochure ?

I

Le bras de Dieu, la loi du repos hebdomadaire et ses exceptions. — Paroles du curé d'Ars. — Un vilain curé !

II

La violation du Dimanche est un attentat à la liberté et à la dignité de l'homme. — Le Dimanche défendu par Proudhon. — Le travail chrétien, à l'ombre de la loi dominicale. — L'Église, modératrice de la société démontre la nécessité sociale du Dimanche. — Aux patrons chrétiens.

III

Il faut manger les sept jours de la semaine ; donc il faut travailler également chacun des sept jours ! — Le dimanche, au point de vue de l'humanité. — Le Dimanche protestant et le Dimanche catholique. — On nous ruine en fêtes !

IV

Le Dimanche, jour du Seigneur et jour de l'âme. — Le fils du profanateur du Dimanche en révolte contre l'autorité paternelle. — Procès et condamnation de la saint lundi. — *Le retour du profanateur du Dimanche au travail païen. — Le Dimanche et le bonheur domestique. — Profession de foi d'un ouvrier de Rouen, candidat à l'Assemblée nationale, aux élections de 1849. — Le Dimanche, dans ses points de contact avec les intérêts de l'homme et de la société.*

V

PRINCIPAUX REMÈDES A LA PROFANATION DU DIMANCHE. — *Chômage des usines, à partir du samedi à midi : témoignages de MM. Harmel et André. — Emploi du Dimanche : remise en honneur des jeux populaires. — Le beau mal à manger le Dimanche, du pain rassis ! — Réunions du Dimanche dans nos patronages.*

PRIX :

Brochure in-16 de 72 pages. . . . . 0 fr. **15**
13/12 exemplaires, *franco* . . . . 1 fr. **50**
100 exemplaires, *franco gare* . . . . 10 francs.
1.000 exemplaires, *franco gare* . . . . . . 90 »

Prière de joindre aux commandes mandat ou bon de poste, à l'adresse de l'auteur :

199, rue de Vaugirard, Paris (XVᵉ Arrondissement)

PRÉFACE

Paris, 6 décembre 1909.

Mon cher ami,

Vous vous êtes constitué le défenseur du Dimanche et vous vous livrez depuis de longues années à un véritable apostolat en faveur de cette noble cause. Vos brochures, répandues à des milliers d'exemplaires, ont obtenu un succès mérité et contribué à l'éducation de l'opinion publique sur la nécessité du repos dominical.

La dernière de vos études avait pour objet : le Dimanche de l'homme des champs. Aujourd'hui, digne fils d'un homme que j'ai beaucoup aimé et qui a été un type admirable de « patron social », c'est à l'ouvrier des villes que vous vous adressez et c'est pour lui que vous écrivez ce nouvel opuscule, appelé au même succès que ses devanciers.

Des esprits superficiels s'étonneront peut-être que vous reveniez à la charge, puisque la loi du 13 juillet 1906 a désormais rendu obligatoire en France le repos du Dimanche. A les en croire, le temps des discussions, des démonstrations, des discours et des brochures, serait passé : nous en sommes à l'application, aux actes. « La loi a parlé...; la cause est entendue ! »

M. Fénelon Gibon, auteur du *Dimanche de l'Ouvrier.*

Nous connaissons de longue date ce langage, et nous n'avons, pour notre part, cessé de le combattre. Il y a très longtemps que, pour se dispenser de l'effort personnel, bon nombre d'amis platoniques du Dimanche appelaient à leurs secours le bras séculier. C'est là, en effet, une solution séduisante, simple, commode, à la portée de tout le monde et qui n'exige grands frais, ni d'imagination, ni d'héroïsme : avec un petit bout de loi, le gendarme aidant, on a cause gagnée, sans avoir besoin de déranger sa quiétude, ni d'être un apôtre, comme vous.

S'il est permis de se citer soi-même, j'oserai rappeler que je dénonçais, en termes formels, le danger de l'obligation, en inaugurant, le 21 mars 1901, ma présidence de la Ligue populaire pour le repos du Dimanche.

Après avoir rappelé la leçon très dure et très nette en même temps que nous a donnée l'expérience de 1814, j'exprimais la crainte qu'une nouvelle intervention de la loi ne fût de nature à détourner du Dimanche le courant, chaque jour plus vif, de sympathies qui lui venaient depuis son indépendance légale. « La loi, disais-je, ferait apparaître le Dimanche — lui si bienfaisant et si libérateur — sous l'aspect maussade et avec la déplaisante escorte de procès-verbaux, d'amendes, de contraventions, de favoritisme pour les uns, de persécutions tracassières pour les autres ; elle fournirait, en outre, un prétexte à l'abstention des tièdes et des timorés, de sorte qu'en voulant précipiter le mouvement, elle n'arriverait qu'à le compromettre et à préparer un retour offensif des ennemis du Dimanche. »

Écrites cinq ans avant le vote de la loi de 1906, ces prévisions n'ont-elles pas été de point en point vérifiées par l'événement ? Et c'est pourquoi, mon cher ami, bien loin de rentrer sous votre tente et de vous en fier désormais passivement à la loi du soin d'introduire le repos du

Dimanche dans les mœurs, vous rentrez dans l'arène et reprenez la plume, pour attirer et convaincre tous ceux que la loi laisse passer à travers ses mailles de plus en plus relâchées, ou qu'elle détache de la cause du Dimanche par l'incohérence de son application.

Je crois, avec vous, que la loi n'a fait que rendre plus nécessaire encore qu'autrefois l'action des amis de cette cause, et je vous félicite de leur donner ici ce bel exemple du réveil de l'initiative privée, dont le rôle semblait à tort désormais fini.

Il nous faut donc, sans nous lasser, reproduire nos démonstrations, en les adaptant, comme vous le faites, aux divers milieux sociaux, hier aux paysans, demain aux employés et aux artisans, aujourd'hui aux ouvriers.

Certes le Dimanche est nécessaire à tous les hommes. S'il existe « une éternelle loi plus vieille que le monde », c'est bien celle du repos hebdomadaire. Il n'en est pas de plus antique, de plus vénérable, de mieux adaptée aux nécessités de la nature humaine. La durée de la période qui la ramène n'est pas arbitraire : si celle des jours, des mois et des années est liée aux mouvements du monde sidéral et, par conséquent, à des phénomènes qui nous sont extérieurs, celle de la semaine, au contraire, n'existe que par nous et en nous. L'année, le mois, le jour, sont astronomiques et nous dépassent : la semaine est humaine et taillée sur notre patron.

L'homme en a le privilège : la nature ne connaît pas le Dimanche. Les fleuves coulent, les avalanches bondissent, les plantes poussent, les animaux font leur nid, tissent leur toile, guettent leur proie ; tout, en un mot, travaille avec continuité, sans distinction entre les jours qui se succèdent, semblables les uns aux autres. Seul, l'homme, sur sept jours, en a un, où, soustrait aux nécessités matérielles qui l'inclinent vers la terre, il se redresse dans sa dignité vers l'idéal et vers le ciel.

Suivant le mot profond de l'Écriture, que vous rappelez avec à-propos, « c'est pour l'homme qu'a été fait le Sabbat ». Si l'homme disparaissait de la terre, la semaine et le Dimanche disparaîtraient avec lui. Comment donc pourrait-on consentir à laisser découronner l'homme de ce titre de noblesse, qui le différencie de toute la création et lui confère sur elle une véritable royauté!

Si le Dimanche a cette grandeur et cette vertu pour tous les hommes, il est encore plus indispensable aux ouvriers, que vise votre brochure.

Chaque jour de travail coûte une certaine déperdition nerveuse, si bien qu'à la fin de la sixième journée, par suite de ces pertes accumulées, le travailleur sent le poids de la fatigue et du surmenage. C'est alors qu'intervient la détente salutaire du Dimanche ; il y retrempe ses forces et ses nerfs : ainsi restauré, il peut se remettre au travail avec une nouvelle ardeur. « Tu travailleras six jours, dit l'Exode, mais tu te reposeras le septième jour pour laisser « refroidir » ton fils et ton serviteur. »

Cette période n'a rien d'arbitraire, et elle a été exactement appropriée par le Créateur à sa créature. On a tenté parfois de l'allonger ou de la raccourcir, au gré de certaines théories, inspirées, moins par l'intérêt des ouvriers que par un sentiment de protestation contre le passé ; mais ces tentatives ont été aussi vaines que celles de Xerxès voulant enchaîner la mer : elles n'ont pas tardé à s'effondrer, et, sur leurs ruines, la semaine de sept jours s'est relevée, triomphante, parce que, seule, elle est en harmonie avec les conditions fondamentales du travail humain.

Un juge qui n'est pas suspect, et dont vous citez vous-même quelques passages, Proudhon parlait avec admiration de cette période hebdomadaire : « Diminuez, dit-il, d'un seul jour la semaine : le travail est insuffisant, comparativement au repos ; augmentez-la d'un seul jour : il devient excessif. Comment donc Moïse rencontra-t-il si juste ? Comment expliquer cette intuition prodigieuse ? Du reste, quant à supposer que le hasard seul l'ait favorisé, je croirais plutôt à une révélation spéciale qui lui aurait été faite qu'à la fable de la truie écrivant l'Iliade avec son groin. »

Si le Dimanche est pour l'ouvrier une nécessité physiologique, il n'est pas pour lui une loi moins impérieuse, au point de vue religieux et familial : car il est, à la fois, le jour du Seigneur et le jour de la famille.

C'est le Dimanche qu'il peut élever sa pensée vers le ciel et s'unir à ses frères pour rendre à Dieu un culte collectif, dont l'influence bénie se prolonge sur toute la semaine.

C'est aussi le Dimanche que le père retrouve, groupés autour de lui, les êtres qui lui sont chers et peut enfin jouir de leur intimité. « Sans Dimanche, pas de famille. » Ce jour-là seulement, et dans ce centre béni du foyer domestique, se détendent, en même temps que les muscles fatigués de l'ouvrier, son cerveau, son cœur et son âme ; ce jour-là seulement, sa femme et ses enfants le possèdent ; la famille s'affermit et s'étale dans sa beauté morale et sa bienfaisante salubrité. Courbé six jours sur son métier et asservi à l'œuvre haletante de la production, le travailleur perd, ce jour-là, l'empreinte et le pli de l'atelier, et il en dépose les soucis avec ses vêtements de travail ; au lieu d'appartenir au métier, il s'appartient et appartient à son cher entourage ; il redevient père, époux, homme enfin, dans la plus magnifique acception de ce mot.

Que peut-on opposer à de tels avantages pour en dépouiller l'ouvrier ? Une seule objection, que vous réfutez avec force, mais qu'il ne faut pas se lasser de combattre, puisqu'elle renaît sans cesse sous nos pas pour nous barrer la route. « On mange sept jours, nous dit-on ; donc il faut bien travailler sept jours. » Raisonnement court et insuffisant ! Ce n'est pas seulement à sa nourriture quotidienne que doit pourvoir le travail de l'ouvrier, mais aussi aux autres chapitres de son budget, ceux du loyer trimestriel, du vêtement, du chauffage, de l'éclairage, de l'instruction, des récréations, de la santé, de la prévoyance. L'équilibre entre les recettes et les dépenses ne lui commande pas plus un travail de sept jours qu'un travail continu de jour et de nuit, mais un salaire suffisant, qu'il peut et doit obtenir en six jours.

Ce n'est même pas en six jours que les ouvriers anglais gagnent ce salaire, mais en cinq jours et demi, dans le système dit de la Semaine anglaise, qui laisse l'après-midi du samedi à la famille ouvrière pour les emplettes et la tenue du ménage, de façon à libérer le Dimanche de toute préoccupation domestique et à le réserver entièrement au repos. Il en est de même aux États-Unis, où cependant, à en croire les Américains, les salaires seraient plus élevés que nulle part au monde.

Le travailleur n'est donc pas condamné à travailler sept jours pour assurer son existence, et c'est, au contraire, cette continuité du labeur qui lui serait mortelle. Pas plus que la machine en fer et en acier, la machine humaine ne peut, sous peine de délabrement rapide, travailler sans relâche. Ce serait étrangement rabaisser l'homme que de l'assimiler à une machine ; il est, en outre, une intelligence, un cœur et une âme, et, à ces divers titres, il réclame impérieusement la détente dominicale pour satis-

faire ses besoins immatériels, c'est-à-dire les plus nobles aspirations de sa nature.

C'est ici qu'apparaît, dans sa clarté saisissante, la question morale, qui est au fond de toute question sociale, et qui domine, en particulier, celle du Dimanche. Ce n'est pas pour procurer à l'ouvrier des plaisirs grossiers et pour le livrer au cabaret, où il dévore sa substance et celle de sa nichée, que les amis du repos dominical ont mené de si rudes campagnes et que la loi en a imposé l'obligation : au point de vue purement humain, c'est pour que ce repos soit employé au profit de la santé, de la cohésion et de la dignité de la famille, et, au point de vue religieux, c'est pour qu'il permette aux travailleurs la pratique de leur culte, les nobles délassements de l'intelligence, les hautes satisfactions de l'âme en quête d'idéal !

Après ces quelques considérations destinées à nos frères de l'atelier, je tiens, comme d'ailleurs vous l'avez fait vous-même, à dire, avant de terminer, quelques mots aux patrons, dont le concours est si nécessaire au succès de cette grande réforme.

Beaucoup d'entre eux y voient une charge économique, qui leur rend la concurrence plus difficile à soutenir, une impossibilité ou du moins une gêne technique, enfin une source d'ingérences et de tracasseries administratives.

C'est là un petit côté de la question, qui veut être regardée de plus haut.

Si l'on se place d'abord sur le terrain économique, on commettrait une grave erreur en considérant le repos du Dimanche comme une perte sèche pour la production et une cause d'infériorité dans la lutte sur le marché mondial. Ce repos, au contraire, est la condition même de la production, puisque le travail continu en tarit la source, en épuisant le travailleur. Encore une fois, tout comme « le mouvement perpétuel », le travail perpétuel est une chimère et un non-sens économique.

Les peuples qui pratiquent scrupuleusement ce repos du Dimanche, comme l'Angleterre, ne semblent pas en être affaiblis et ne sont certainement pas nos concurrents les moins redoutables.

Un grand historien, Macaulay, attribue même en partie à ce respect du Dimanche la supériorité de l'industrie et du commerce britanniques. « Nous, Anglais, dit-il, nous sommes, non pas plus pauvres, mais plus riches, parce que, depuis des siècles, nous donnons au repos un jour sur sept. Cette journée-là n'est pas perdue. Pendant que l'industrie s'arrête, que la charrue repose dans le sillon, que la Bourse est silencieuse, que la fabrique laisse éteindre ses fourneaux, il se fait un travail tout aussi important au bien-être des nations que celui qui s'accomplit dans les jours ouvrables. L'homme, cette machine des machines, auprès de laquelle celle des Watt et des Arkwright sont des inventions futiles, répare ses forces, se remonte et retourne le lundi à son travail avec l'esprit plus lucide, le cœur plus satisfait et une nouvelle vigueur physique. »

Quant aux nécessités techniques, qu'on oppose au repos du Dimanche, elles n'ont rien d'absolu, puisque, dans une même profession, on voit des fabriques prospères qui le pratiquent, à côté de celles qui le déclarent irréalisable. Il faut donc regarder en face ces prétendues impossibilités ; car, si on les admet sans résistance et comme une fatalité inéluctable, il n'est pas d'abus qu'elles ne puissent couvrir. A condition de le vouloir résolument, on finit toujours par trouver des aménagements spéciaux du travail et des combinaisons pratiques pour libérer, sinon la totalité, du moins la grande majorité du personnel.

Si l'on invoque les exigences du prix de revient et l'avantage de tenir l'usine sous pression sans relâche, afin de réduire la charge des frais généraux, en poussant au maximum l'utilisation de l'outillage et le rendement du capital fixe, on aboutit logiquement aux journées indéfinies, au travail de nuit, au surmenage, non seulement des adultes, mais encore des enfants et des femmes. Heureusement, ces idées, qui ont sévi dans ce que M. Paul Leroy Beaulieu appelle « la période chaotique de l'industrie », ont reculé devant les prescriptions de la loi, mais surtout devant les sommations du devoir social et de la paix sociale.

Le repos du Dimanche est assimilable à toutes les mesures, qui, sous la pression de la loi ou des mœurs, assurent l'hygiène et la sécurité des ateliers, la protection des enfants et des femmes, la suppression du travail de nuit, l'abréviation du travail de jour. L'industrie n'en est pas morte et n'a fait qu'y puiser de nouvelles forces, en ménageant mieux la source même de son activité. Il en sera de même pour le repos du Dimanche, qui doit à son tour entrer dans nos mœurs, en produisant chez les ouvriers, en même temps qu'un surcroît de vigueur physique et d'entrain, un remarquable effet d'apaisement social.

J'arrive ainsi à la dernière et décisive considération que je désirais soumettre aux patrons, que vous aurez parmi vos lecteurs : c'est que, essentiel à la santé, à la dignité et au bonheur des travailleurs, à la forte organisation de leur famille et à la productivité de l'atelier, le repos du Dimanche ne l'est pas moins à l'harmonie des rapports entre le capital et le travail.

Courbés, en effet, sur un travail sans relâche, privés des joies de la famille, dont ils voient autour d'eux les autres hommes jouir en pleine liberté, les ouvriers s'aigrissent contre la société et surtout contre le patron, qui leur inflige cette servitude contre nature. Le Dimanche, qui, comme le soleil, devrait « luire pour tout le monde », leur apparaît comme un luxe qui est réservé à quelques privilégiés et dont ils sont injustement dépouillés. De là, des ferments de haine et un sourd levain d'antagonisme qui sont pleins de dangers, même pour la prospérité économique de l'usine.

Sous ce rapport encore, le repos du Dimanche s'impose aux industriels, puisqu'en produisant chez leur personnel l'apaisement et la détente, il tend à ramener à ces bons rapports, qui sont, en même temps qu'une source de joie pour le patron, une condition essentielle à la bonne marche de ses affaires.

Votre brochure, mon cher ami, dit excellemment toutes ces choses. Je la recommande avec confiance à la méditation de vos lecteurs et je la résume dans ces paroles, que l'Écriture met dans la bouche de l'Éternel, pour promettre ses faveurs aux observateurs de ses sabbats :

« Vous observerez mes sabbats et vous révérerez mon sanctuaire. Si vous suivez mes lois, si vous gardez mes commandements et les mettez en pratique, je vous enverrai des pluies en leur saison : la terre donnera ses produits ; les arbres des champs donneront leurs fruits, et je mettrai la paix dans ce pays. »

Veuillez agréer, mon cher ami, l'assurance de mon affectueux dévouement.

E. CHEYSSON,
de l'Institut.

LE DIMANCHE DE L'OUVRIER

Pourquoi cette brochure ? — Au moment même où nous prenons la plume, un chef d'atelier nous écrit : « Les mauvaises publications sont partout, chez tous les libraires ; les bonnes publications, inconnues... A moins que l'ouvrier ne soit bien décidé à ne lire que de bons livres, je vous laisse à penser de quel côté il se tourne. Je voudrais quelque brochure illustrée pour lire le Dimanche avec ma femme et mes enfants ; puis, je surveille dans l'atelier cinquante enfants, sans parler des grands. Si j'avais quelque chose de bon, ce serait tantôt une histoire à raconter, tantôt une occasion de le prêter pour leur faire passer un bon dimanche... *mais, en France, il paraît qu'il faut y renoncer.* »

Un autre nous écrit avec une franchise originale : « Il en est des bons livres comme du reste, tout pour les riches, presque rien pour le pauvre diable de peuple, encore on ne peut pas le trouver. Je vais demander de bonnes publications aux prêtres et aux religieuses, et tout le monde me répond : *Connais pas.* »

Ces appréciations sont évidemment pessimistes, et surtout depuis vingt-cinq ans, il ne manque pas de bons livres, accessibles à tous.

Quoi qu'il en soit, le moment m'a paru favorable, ouvriers mes amis, pour faire à votre intention, exprès pour vos intelligences droites et ouvertes, une petite brochure bien simple, illustrée, que je m'efforce de rendre la plus intéressante possible.

Parlons donc, si vous le voulez bien, d'une question très actuelle et en progrès, celle du repos du Dimanche.

Il y a trois choses qui se tiennent si intimement, qu'elles s'en vont dans une même ruine : le bien de Dieu, le bien de l'homme et le bien de la société. *La violation du Dimanche* est la destruction de ces trois choses ; elle est le mal social, elle est le véritable ver rongeur des sociétés chrétiennes.

Aux jours de nos croisades héroïques, vous eussiez dit : « La barbarie nous menace, marchons contre la barbarie ; allons à la croisade. » Aujourd'hui, nous sommes menacés par une autre barbarie plus dangereuse encore, celle du progrès matériel mal compris, développé aux dépens des droits éternels du cœur, de l'esprit et de l'âme, c'est-à-dire au préjudice de la dignité humaine. On voudrait faire de l'homme une machine. C'est contre cette tendance que la doctrine catholique a toujours protesté de tout son pouvoir. Car le véritable esprit de l'Église a toujours été un esprit de liberté ; et ce n'est qu'en nous inspirant de cet esprit, dans nos paroles et dans nos actes, que nous mériterons vraiment d'être appelés des *libérateurs*.

Et vous aussi, vous voudrez, à votre tour, mériter d'être appelés des libérateurs. Allez donc sans tarder, et n'ayez pas peur ; levez résolument votre drapeau : il y va de la religion, du bonheur du peuple, du salut de la société. Donc, laissez-moi vous le crier, mes amis, de toutes les forces de mon âme de chrétien, de toutes les ardeurs de mon cœur de Français : Hommes de votre temps, debout pour la croisade contemporaine : *Dieu le veut !*

I

Le bras de Dieu, la loi du repos hebdomadaire et ses exceptions. — En vain nous le nierions, le bras de Dieu semble aujourd'hui s'appesantir sur notre malheureux pays. Les calamités qui l'accablent surpren-

nent surtout par leur étrangeté. En effet, n'est-il pas étrange, en présence de l'abondance de biens de toute sorte, alors que non seulement la récolte du vin, mais celle du grain et des autres choses nécessaires à la vie a été presque partout d'une importance exceptionnelle, n'est-il pas extraordinaire de voir le renchérissement de toutes les denrées alimentaires atteindre des proportions tellement considérables, qu'elles dépassent de beaucoup tout ce que nous avions vu depuis longtemps? Tout le monde ne se plaint-il pas de la cherté de la vie?

Et que dirons-nous de ces troubles si généraux, si imprévus en nos saisons d'automne, qui désolent des régions entières de la France? Et tout récemment encore, les tremblements de terre en Provence?

Tous ces fléaux sont de l'ordre de ceux prédits en 1846 par la Sainte Vierge sur les hauteurs de la Salette, comme châtiments de la profanation du Dimanche. N'est-il pas étonnant de les voir se succéder et s'accumuler au moment même où, par une sorte de conjuration universelle, la loi du repos hebdomadaire, qui, dans son texte et dans son esprit, visait le repos dominical, est défigurée à l'envi par des modifications qui la dénaturent?

Une fois de plus, on peut dire qu'en cette matière le Gouvernement est le premier à trahir la loi du 13 juillet 1906 qu'il était chargé d'appliquer et de défendre. Mais une fois de plus aussi, on peut dire que le châtiment ne se fait pas attendre. Et comme c'est l'habitude en pareil cas, c'est la nation tout entière qui en porte la peine.

Le monde du travail, celui même dont, mes amis, vous relevez directement, le premier et le plus coupable en cette affaire, est incontestablement le plus atteint. La loi du repos dominical était tout entière en votre faveur.

Dans nombre d'industries, patrons et ouvriers se sont entendus, chacun de leur côté, pour l'éluder, les uns en réclamant des exceptions et des exemptions, les autres en demandant le repos par roulement, dont les inconvénients sont si grands à tous les points de vue, et qui n'a d'autre avantage que de paraître augmenter le salaire dans l'ensemble des ouvriers d'une même profession, tout en diminuant le travail de chacun d'eux. Et voici que la hausse de toutes les matières nécessaires à la vie l'emporte de près de moitié sur le prétendu bénéfice qui résulte du surcroît de travail dû au roulement ! Ainsi qu'il arrive toutes les fois que nous voulons nous insurger contre les lois divines, les calculs de notre prétendue sagesse s'évanouissent. Nous ne recueillons que des mécomptes comme résultat de nos calculs.

La guerre à Dieu, la guerre à la religion, la guerre au Dimanche, continuent plus que jamais. Dieu ne fait pas de miracles pour se venger ; mais nous assistons à une lente désorganisation des forces vives du pays.

Et chacun sent — ceux qui nous gouvernent plus que les autres — que nous marchons en pleine incohérence, en pleine folie, que nous allons *vers l'abîme.*

Comment remonter le terrible courant qui emporte ainsi vers l'abîme la nation tout entière ? — En revenant à l'observation du Dimanche.

Et pourquoi cela ? Parce que le Dimanche a son côté social, qu'il n'y a pas là seulement une question de catéchisme, qu'il y a aussi une question de bien-être et de liberté.

Il n'y avait aucun point de la loi divine que le saint curé d'Ars rappelât plus souvent que la sanctification du Dimanche. Le prêtre français, que le pape Pie X a proclamé Bienheureux, aimait à s'épancher tout entier dans des instructions familières et touchantes. Jugez-en.

Paroles du curé d'Ars. — Mes enfants, le troisième commandement, c'est une grande affaire : « Le Dimanche tu garderas, en servant Dieu dévotement. » La semaine est pour la matière, le Dimanche est pour l'esprit.

Voyez, mes enfants, toute la semaine on ramasse, on prête, on achète, on vend, bien ; mais tout cela est pour le cadavre. Arrangez-vous donc pour faire faire une fois par semaine un bon festin à l'âme immortelle. O délicieux repas ! Pain céleste ! oh ! quel privilège ! Pouvoir nourrir son âme, et la nourrir de Dieu !... On a vu de bons chrétiens qui oubliaient jusqu'à leur corps ; cela ne vaut-il pas mieux que d'être comme ces mauvais chrétiens qui oublient leur âme, comme ces gens du monde qui ne pensent jamais qu'à la matière.

Vivez de Dieu, au moins le Dimanche, mes enfants. Un jour sur sept, se nourrir de Dieu, est-ce trop !

Vous travaillez, vous travaillez, disait-il encore, mais ce que vous gagnez ruine votre âme et votre corps. Si on demandait à ceux qui travaillent le Dimanche : Que venez-vous de faire ? ils pourraient répondre : — Je viens de vendre mon âme au démon, de crucifier Notre-Seigneur et de renoncer à mon baptême. Je suis pour l'enfer : il faudra pleurer toute une éternité pour rien... — Quand j'en vois qui charrient le Dimanche, je pense qu'ils charrient leur âme en enfer.

Oh ! comme il se trompe dans ses calculs celui qui *se démène* le Dimanche, avec la pensée qu'il va gagner plus d'argent ou faire plus d'ouvrage ! Est-ce que deux ou trois francs pourront jamais compenser le tort qu'il se fait à lui-même en violant la loi du bon Dieu ? Vous vous imaginez que tout dépend de votre travail ; mais voilà une maladie, voilà un accident. Le bon Dieu a tout sous sa main : Il peut se venger quand Il voudra ; les moyens ne Lui manquent pas. N'est-ce pas toujours Lui qui est le plus fort ? ne faut-il pas qu'Il reste le maître à la fin ?

Il vous a commandé le travail, mais Il vous a aussi commandé le repos... L'homme n'est pas seulement une bête de travail, c'est aussi un esprit créé à l'image de Dieu. Il n'a pas que des besoins matériels et des appétits grossiers : il a des besoins de l'âme et des appétits du cœur ; il ne vit pas seulement de pain, il vit de prière, il vit de foi, d'admiration et d'amour.

Le Dimanche, disait-il enfin, c'est le bien du bon Dieu ; c'est un jour à Lui, le jour du Seigneur. Il a fait tous les jours de la semaine ; Il pouvait tous les garder ; Il vous en a donné six ; Il ne s'est réservé que le septième. De quel droit touchez-vous à ce jour qui ne vous appartient pas ? Vous savez que le bien volé ne profite jamais. Le jour que vous volez au Seigneur ne vous profitera pas non plus. **Je connais deux moyens bien sûrs de devenir pauvre, c'est de travailler le Dimanche et de prendre le bien d'autrui.**

L'observation du septième jour, utile à la santé. — Il y va aussi, mes amis, de votre santé.

Les médecins, accoutumés à donner des soins à un

grand nombre d'ouvriers et d'ouvrières en tout genre, s'accordent à reconnaître que ceux qui ne prennent pas le repos du septième jour sont plus exposés que d'autres au dérangement de leur santé.

La période septénaire a une influence incontestable sur la marche des fonctions vitales et des phénomènes critiques qui se manifestent dans le cours des maladies aiguës surtout. Vouloir pousser le travail et la fatigue des organes au-delà du sixième jour, c'est contrarier la nature, qui a besoin de marquer un temps d'arrêt pour reprendre haleine ; forcer un malheureux ouvrier qui a besoin de repos à franchir les limites du travail si sagement posées, c'est s'arroger le droit odieux qui n'appartient à qui que ce soit d'attenter à sa liberté, à sa santé, à son existence.

Lorsqu'en 1793 et en 1794, époque de sinistre mémoire dans les annales de notre histoire, les désorganisateurs de la société voulurent, par haine du culte catholique, substituer leur stupide décade au Dimanche, on vit des malheureux ouvriers qui, dans la crainte d'exposer leur liberté et même leur tête à la hache du bourreau, travaillaient le jour consacré jusqu'alors au repos par la religion, succomber à la fatigue et à l'épuisement et encombrer les hôpitaux.

Voici une anecdote qui oppose spirituellement le repos du riche au travail de l'ouvrier, le Dimanche. Hâtons-nous d'observer qu'ils deviennent heureusement de plus en plus rares les patrons qui, comme M. Suffies, condamnent leurs ouvriers à ce travail forcé.

Un vilain curé !... — Hermétiquement close, une jolie antichambre vieux rose, où brûle, dans une intimité très douce, la flamme de la plus coquette veilleuse du monde.

Un silence d'intérieur, un parfum de bon « chez soi », un porte-manteau couvert, encombré de choses très fraîches, de manteaux clairs, de fourrures, de toques de garçons, de grands chapeaux de fillettes, de pardessus de messieurs ; et là-bas, au bout du couloir, dans le salon, des voix joyeuses qui causent, qui rient : c'est bien là le vrai Dimanche, qui réunit tout le monde autour du foyer, le Dimanche voulu par la nature et ordonné par Dieu...

« Bonjour, mon cher abbé ; que vous avez été aimable d'accepter ! Venez donc, je vais vous présenter à mes amis. M. de X..., Mme Y..., etc., etc., etc. »

Et, en effet, tout le monde est aimable, bon garçon : les messieurs parlent à la papa, les dames ne minaudent pas, les demoiselles n'ont pas l'air de statues moyen âge, les enfants ne s'obstinent pas à vous réciter une fable ; et, dans son for intérieur, l'abbé se dit : « Décidément, les Suffies sont une bien bonne famille... J'y reviendrai. »

. . . .

« Hein, Monsieur l'abbé... quel riche temps il a fait aujourd'hui !...

— Un temps superbe, mais je n'ai pu en jouir qu'après vêpres...

— Eh bien ! c'est malheureux ! A 2 heures, on se serait cru en plein été ; du soleil partout, et sur chaque visage on lisait la joie de vivre, le bonheur de respirer, de boire de la lumière !... Aussi, regardez-moi toutes ces fillettes !... Ont-elles des mines ?... »

Et, d'un geste de papa heureux, il montrait au bout de la table toute une rangée de minois éveillés, de figures blondes et roses, qui riaient en montrant leurs petites dents, toute une floraison de printemps, et qui faisait plaisir à voir.

« J'espère que vous en avez une jolie famille... et nombreuse !... Car enfin à celle-là, on peut ajouter votre grande famille industrielle, vos trois cents ouvriers et vos cent soixante ouvrières, et, elle, surtout, a dû jouir fameusement du gai printemps, car elle n'a que ce jour-là !

— ...!!

— Certainement, vous ne les faites pas travailler le Dimanche... vos ouvriers... ?

— Mais si, Monsieur l'abbé, répondit-il d'un ton embarrassé... Mais si... C'est nécessaire... malheureusement !

— Ce n'est pas possible !

— Hélas ! » fit-il en regardant le fond de son assiette avec des yeux attendris.

Alors l'abbé crut devoir insister, bien que ce ne fût pas absolument l'endroit... Quelle bonne aubaine pour ses amis les ouvriers... s'il emportait le morceau, là, entre la poire et le fromage !...

« Pourtant, commença-t-il, il y a des patrons dans toutes

les industries, même des patrons verriers, *j'en connais,* qui
ont trouvé le moyen de fermer le Dimanche et de faire leurs
affaires... D'ailleurs, l'exemple de l'Angleterre, de l'Allemagne, est *irréfutable :* ils chômment le Dimanche et ils nous
inondent de leurs produits, et à un bon marché fabuleux ! »

M. Suffies ramassait son fromage en scandant ses répon-
ses... « Que voulez-vous, Monsieur l'abbé !...

— Mais c'est l'industrie qui est faite pour l'homme, et non
pas l'homme pour l'industrie !...

— Enfin... si je les fais travailler... c'est que c'est nécessaire...

— Mais le repos, mais l'air, mais la messe, mais se trouver
au moins en famille... cela aussi est nécessaire !...

— ... Sans doute... mais...

— Et si un de vos ouvriers, du haut de son échafaudage...
une de vos ouvrières, par les grilles de son sous-sol, vous a
vu passer aujourd'hui, en toilette de fête, tenant, tout heureux, vos fillettes par la main, vous n'avez pas peur ?

— ... Peur de quoi ?

— ... Qu'il pense que lui aussi a des enfants... qu'elle aussi
a une âme, un cœur, une famille !...

— Mais, Monsieur l'abbé, la fortune n'est pas faite pour
tout le monde.

— Oh ! il ne s'agit pas de la fortune ici, mais des commandements de Dieu et de la loi naturelle ! »

Tout cela s'est dit courtoisement, et le ton a dû tempérer
ce que l'idée avait de net et de brutal ; d'ailleurs, Madame
intervient : « Ah ! Monsieur l'abbé, on ne fait pas toujours
ce que l'on veut... Ainsi moi, j'ai supplié la couturière de
me... etc., etc. »

Une chambre à coucher.

Un monsieur qui fait sauter ses bottines, furieux : « Eh
bien ! tu sais, je le retiens, ton curé !

— Le fait est que je le trouve d'un *avancé !...*

— *Avancé ?...* tu appelles ça *avancé ?...* C'est un socialiste !

— ... Et pourtant, répond Madame, il n'y a pas à dire...

c'est clair : *Les Dimanches tu garderas...* Et puis, tu sais, il n'est pas nécessaire d'être cuisinier pour dire qu'une sauce est tournée...

— ... Enfin, veux-tu que je diminue ma recette de 4.000 francs par semaine ? veux-tu que je supprime la moitié de tes robes ?... le tiers de tes sorties ? Je te le répète, ce curé-là... c'est un socialiste... et un sale socialiste encore ! »

Et, sous les draps, où Monsieur s'est engouffré, on entend de vagues exclamations... « Cristi !... si les curés... se mêlent de faire respecter le Dimanche... où allons-nous !

— Voyons, mon chéri, ne t'agite pas comme ça ; ton faisan te restera sur l'estomac...

— Il me prend pour un ouvrier, ce curé-là !...

— Pourtant, la loi est faite pour tout le monde !... »

Mais lui émerge alors des draps, l'œil furieux, le bonnet de coton en carnage sur l'oreille : « La loi ?... la loi ?... je m'assois dessus !... »

Et le sommier craqua... désespérément.

Une autre chambre à coucher.

Un abbé qui a des distractions après son bréviaire...

« C'est raide, tout de même ! ce patron qui se dit catholique !... et qui fait travailler 500 ouvriers tous les Dimanches !...

« Je me figure saint Paul visitant son usine ! *Noctem quietam et finem perf...* En voilà un qui peut être sûr que je n'en userai pas, de ses serviettes !... *et finem perfectum concedat nobis Dominus omnipotens. Amen.* »

II

La violation du Dimanche est un attentat à la liberté et à la dignité de l'homme. — La violation publique et permanente du dimanche, qui opprime la conscience religieuse, fait peser un joug odieux sur vous, ouvriers chrétiens.

Montalembert a admirablement fait valoir cette vérité, dans son rapport sur la proposition de M. d'Olivier, relative à l'observation des dimanches et jours fériés (1) :

Oui, et il importe de le proclamer, en ce temps où les ouvriers sont poursuivis par tant de faux amis et de coupables flatteurs (2), la profanation du Dimanche est surtout, en ce qui touche à l'ouvrier, un attentat à la liberté et à la dignité de l'homme. C'est surtout la dignité du pauvre et de l'ouvrier qui est ainsi foulée aux pieds !

On a altéré ainsi jusqu'à la nature même du travail : on l'a transformé en source d'ignorance et de démoralisation. L'ouvrier, que la contagion de l'exemple, la contrainte matérielle ou morale, condamnent à travailler sans observer le repos prescrit par Dieu, abdique, par cela même, tous les besoins moraux, et se voit assimilé à une bête de somme ou à une machine.

Dieu a imposé le travail à tous les hommes sans exception, comme une épreuve et comme une expiation ; mais il n'a donné à personne le droit d'en faire un joug dégradant et oppresseur, un moyen d'affamer l'âme et d'abrutir la conscience. Tel est cependant le résultat infaillible du travail, quand il n'est pas régulièrement interrompu par un repos qui profite aux enseignements de la religion et aux joies de la famille.

Ceci est surtout vrai de notre industrie manufacturière. Tandis que, d'une part, les perfectionnements, chaque jour plus ingénieux des machines, laissent une place de moins en moins grande à l'intelligence, à l'activité et à l'énergie personnelle de l'ouvrier, de l'autre, en le tenant sans cesse enchaîné par l'appât du gain à ces mécanismes qui semblent destinés à le remplacer, on lui ôte le seul moyen de retremper son âme et de renouveler sa vie morale. On arrive ainsi, selon la très juste expression d'un spirituel étranger — le marquis de Beauffort — à remplir le monde de machines

(1) Séance de l'Assemblée législative du 10 décembre 1850.
(2) Ces paroles remontent à soixante ans déjà !

qui ont presque des âmes, et d'âmes qui ne sont plus que des machines.

Le Dimanche défendu par Proudhon. — Nous avons pour nous la vérité, le bien-être des ouvriers, l'avantage de la société. Mais nous avons aussi des alliés imprévus, dont il est piquant de relever les témoignages.

Ainsi, George Sand, qui a dit quelque part : « Je ne travaille pas le dimanche, ça me porterait malheur, je ferais de la mauvaise besogne. »

Ainsi, le socialiste Proudhon, qui a écrit ces lignes admirables :

Plût à Dieu que le respect du Dimanche fût encore aussi sacré pour nous qu'il l'a été pour nos pères ! Pour les esprits frivoles, le Dimanche est un jour de délassement insupportable, de vide affreux, ils se plaignent de l'ennui qui les accable ; ils accusent la lenteur de ces heures improductives qu'ils ne savent comment dépenser. S'ils se fuient, dans les visites de la politesse et dans les conversations du monde, au vide de leur pensée, ils ne font qu'ajouter le vide de la pensée d'autrui. De là, les inventions de la débauche et les joies monstrueuses de l'orgie... Que ceux-là ne s'en prennent qu'à eux-mêmes de l'engourdissement qui les rend stupides, de cette inconsistance de cœur et d'entendement qui les épuise, de cette paralysie sourde qui les ronge! Quand son compagnon chôme, l'âme n'en va que plus vite : Craignez, si vous ne savez donner un aliment à sa dévorante activité, qu'elle ne se consume elle-même.

Heureux l'homme qui sait s'enfermer dans la solitude de son cœur! Là, il se tient compagnie à lui-même ; son imagination, ses souvenirs, ses réflexions lui répondent. Qu'il se promène alors le long des rues populeuses, qu'il s'arrête sur les places publiques, qu'il visite les monuments : ou que, plus heureux, il erre à travers les champs et prés et respire l'air des bois, peu importe, il médite, il rêve ; partout sa pensée, triste ou gaie, élégante ou sublime, lui appartient. C'est alors qu'il juge sainement de tout, que son cœur se détache, que sa conscience se retrempe, que sa volonté s'acère, qu'il sent la vertu bondir sous sa poitrine ; c'est alors qu'il communie avec Dieu même, et qu'il apprend de Lui, dans des conversations qu'aucun ne redira, ce que c'est que *vivre* et ce que c'est que *mourir*.

Le travail chrétien, à l'ombre de la loi dominicale. — Écoutez maintenant, mes amis, la noble voix de M. Keller, retraçant comment l'Église organisa et ennoblit le travail, en couvrant bientôt la France, franchissant le Rhin, et marchant à la conquête de l'Allemagne tout entière :

Peu à peu, à l'exemple des religieux, les ouvriers et les laboureurs se réunirent entre eux, se donnèrent une règle

d'association, choisirent un patron, acceptèrent chrétienne-
ment leurs labeurs, et les communes se formèrent à l'instar
des communautés. Chaque village, chaque corps de métier
eut sa bannière, son saint, son église, sa fête patronale et
ses joies du dimanche. A mesure que les hommes s'attachè-
rent au travail, on ne songea plus à les y contraindre ; les
serfs disparurent quand il n'y eut plus de vagabonds, et si
parfois le seigneur était trop dur, les villageois trop mutins,
l'Église s'interposait, prêchant aux uns la douceur, aux
autres le respect, à tous la charité. Voilà, en peu de mots,
l'œuvre de quinze siècles ; voilà comment le travail chrétien
s'est implanté en Europe, encore plus par l'exemple que par
la prédication... Là, sous l'habit religieux, le petit-fils de
Clovis et le fils de Charles Martel rivalisaient d'humilité et
d'obéissance avec le dernier des moines, et en les voyant
tous courbés avec amour sous la loi du travail, comment le
pauvre ne se serait-il pas senti consolé, fortifié, encouragé,
relevé dans sa vie laborieuse ? Il faudrait ensuite suivre dès
leur berceau ces corporations du moyen âge, toutes formées
dans un esprit d'association et de fraternité chrétiennes... Il
faut être aveugle pour ne pas voir les fruits de la charité
chrétienne produisant et organisant le travail.

Aujourd'hui, nous sommes habitués à ce merveilleux chan-
gement ; nous voyons sans admiration le fils du tisserand ou
de la fileuse consumer sa vie dans un métier triste et mono-
tone, et le fils du paysan cultiver avec amour le champ ingrat
et pierreux qu'ont cultivé ses pères. Nous oublions que ce qui
les retient à leur tâche, ce n'est ni leur nature toujours portée à la paresse, ni la cupidité ennemie de tout dévouement,
mais bien l'élan de vingt générations laborieuses et chrétiennes, qui leur ont donné leur sang, leur exemple, leurs
traditions.

**L'Église, modératrice de la société, démontre
la nécessité sociale du Dimanche.** — Voyez les
avantages matériels, sociaux, charitables, de l'observation du Dimanche. Si vous laissez à chacun le pouvoir

d'en fixer les limites, la plupart tomberont, suivant leurs caractères, dans un excès ou dans un autre. Les uns donneront trop à l'action, les autres donneront trop au repos, et il n'y aura moyen de prouver à aucun qu'il a tort. Mais que Dieu et l'Église interviennent ; qu'ils disent : « Souvenez-vous, ô enfants des hommes, de sanctifier le jour du Seigneur : travaillez six jours, et reposez-vous le septième. » A l'instant, toute difficulté cesse ; il se fait comme un compromis entre le trop et le trop peu ; chacun sait à quoi s'en tenir ; le travail a ses bornes, le repos a ses droits ; l'ouvrier emploie ses forces sans les user ; il les dépense dans la semaine, il les retrouve le Dimanche. Ce jour vient à point nommé rompre la monotonie de ses occupations ordinaires. L'homme vit alors un peu plus pour lui-même, un peu plus pour sa famille, un peu plus pour ses amis, et, disons-le, un peu plus aussi pour son Dieu ; car, en même temps que le Dimanche fait trève au travail, il prescrit des pratiques de piété qui utilisent le loisir et consacrent le repos.

Vous qui ne mettez pas les pieds à l'église, qu'attendez-vous pour observer religieusement le Dimanche ? Ignorez-vous que c'est là le jour que Dieu a fait, et qu'Il l'a fait pour sa gloire et pour notre salut ? Mais, hélas ! le Dimanche ne se distingue pour vous des autres jours que par plus de dissipation et d'excès. Ce ne sont que travaux défendus ou passe-temps coupables. Vous vaquez à vos affaires ou vous vaquez à vos plaisirs.

Ne souffrez pas, mes amis, qu'on dise que, chez vous, le jour du Seigneur est, non un jour de sagesse, de religion et de paix, mais un jour de prévarication et de licence, de désordre et de péché, de grande et formidable colère. Revenez aux saintes pratiques et habitudes de nos pères.

Chefs d'établissements, laissez, laissez à ceux qui vous enrichissent dans la semaine, pour la terre, le temps et le moyen de s'enrichir, le Dimanche, pour le ciel. Ne leur enviez pas un repos dont, comme vous, hélas! ils ont si grand besoin.

Aux patrons chrétiens. — Maîtres et chefs de maison, gardez-vous de regretter les heures de repos que la loi de Dieu impose à vos ouvriers et à vos serviteurs. Retirez plutôt vous-mêmes de leurs mains les instruments de travail. Vous avez besoin qu'ils soient fidèles autant que laborieux. Venez avec eux dans nos églises, ils y apprendront tous leurs devoirs, comme vous apprendrez les vôtres. Délassés dans leur âme et dans leur corps, ils reprendront ensuite vos travaux avec plus de force et aussi avec plus de fidélité pour Dieu et pour vous-mêmes.

Honneur aux maîtres chrétiens qui se plaisent ainsi à environner les nombreuses familles de leurs ouvriers et de leurs serviteurs, se préoccupent sérieusement des intérêts sacrés de leur âme, combinent leurs travaux de manière à ne pas enchaîner leur liberté d'enfants de Dieu! Heureux les maîtres de ces vastes établissements industriels, qui, non contents de répandre l'aisance parmi les populations ouvrières dont ils emploient les bras, s'empressent de seconder par de salutaires mesures l'influence de la religion et le zèle de nos prêtres, afin de rendre plus morales, plus chrétiennes, et partant plus heureuses, les nombreuses familles d'ouvriers qui bénissent leur nom et prient pour la prospérité de leurs entreprises! Heureux les grands, les riches et tous ceux qui sont élevés au-dessus de leurs frères, s'ils savent user de leur autorité pour faire revivre dans les masses la dignité des habitudes chrétiennes, la pureté des mœurs publiques et la probité des anciens jours ! *Dieu leur rendra au centuple, en récompense de tout le bien qu'ils auront fait en faveur des plus petits de leurs frères.*

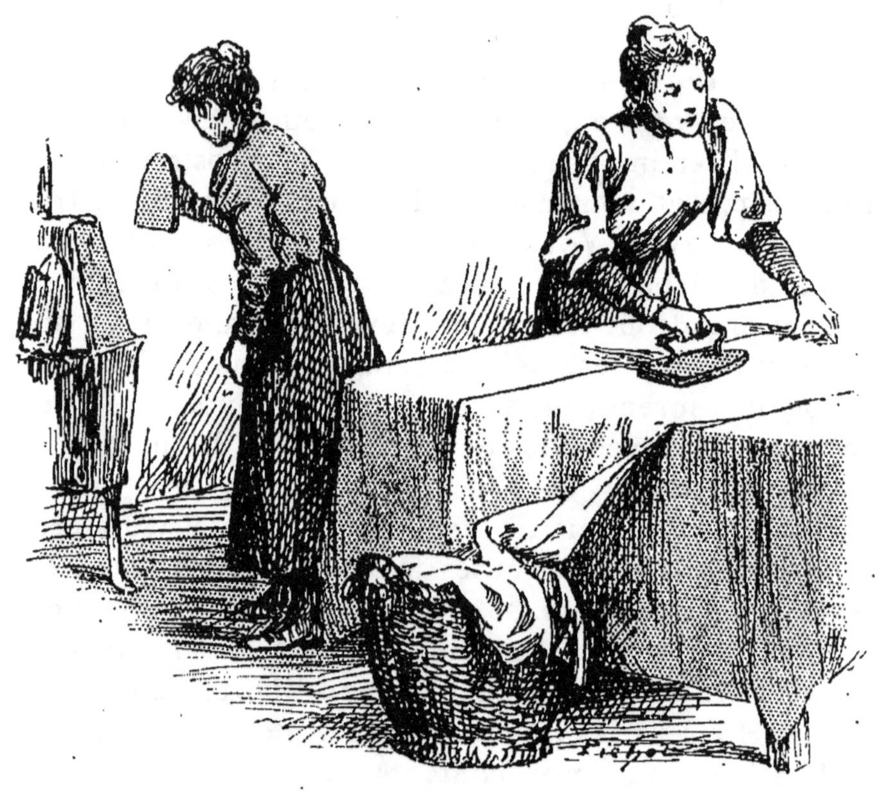

III

Êtes-vous tentés, mes amis, d'opposer à nos instances l'objection dont nos oreilles sont rebattues : « *Il faut manger les sept jours de la semaine ; donc il faut travailler également chacun des sept jours* », nous vous répondrons, en empruntant l'éloquente réplique du cardinal Giraud, qui fut archevêque de Bourges :

Ah ! ce n'est pas la religion, cette mère si douce, si tendre, si compatissante, qui vous contestera votre part de ce pain quotidien qu'elle vous invite à demander au Père céleste. Non, ce n'est pas elle qui méconnaîtra le droit du travailleur à un salaire qui suffise à son entretien et à celui de ses enfants, lorsque ceux-ci ne sont pas en âge d'y pourvoir par eux-mêmes. Elle fait même des vœux pour que, ces premiers besoins satisfaits, il vous reste un excédent qui vous vienne en aide au temps de la maladie, de la vieillesse, de l'interruption des travaux. Mais cet excédent, c'est de votre sobriété, de votre prévoyance, de vos sages épargnes, non moins que de l'humanité de vos maîtres, que vous devez l'attendre, et non du travail du Dimanche. En travaillant le Dimanche, je vois bien ce que vous perdez, je cherche vainement ce que vous gagnez. — Vous perdez un repos nécessaire à la réparation de vos forces, vous usez plus vite votre vie, vous vous privez des douceurs du foyer domestique, des consolations de la Foi, de ce sentiment d'une conscience contente d'elle-même, qui verse tant de joies et de consolations dans un cœur fidèle. — Mais au bout de la semaine, que trouvez-vous sous votre main ? Un salaire égal, ni plus ni moins que si vous n'eussiez travaillé que six jours. Le prix des journées se règle sur le nombre des ouvriers qui se présentent sur la place, sur le nombre des bras qui demandent à être employés. En travaillant tous les jours, y compris le Dimanche, vous augmentez évidemment ce nombre d'un septième, et le taux du salaire subit nécessairement une réduction proportionnée. Si votre travail profite, ce n'est donc pas à vous.

Je sais que quelques-uns d'entre vous, pleins de jeunesse, d'énergie et de vigueur, me diront : En travaillant six jours, je ne gagne que six fois mon salaire, et en travaillant sept jours, je le gagne sept fois.

Je leur répondrai : Oui, vous pouvez le faire pendant quelque temps, mais c'est au prix de votre santé, vous y succomberez bientôt ; et si vous persistez, des douleurs et une vieillesse anticipée vous empêcheront de travailler non seulement le Dimanche, mais aussi les jours de la semaine. — Je pourrais ajouter encore : Est-il bien vrai qu'après avoir travaillé sept jours, vous trouvez dans vos mains un salaire égal à celui de sept jours ? Le mépris du Dimanche détruit dans beaucoup de familles l'économie, la sobriété, la prévoyance. Une heure ou deux passées en certains lieux consument tout le fruit d'un long travail.

Ouvriers français qui êtes intelligents, comment pouvez-vous faire un aussi faux calcul ! Par un juste retour des choses, dès ce bas monde, « le salaire gagné le Dimanche troue le sac dans lequel on le place ». Croyez-m'en, retournez aux habitudes de vos pères, vous vous en trouverez bien. Je sais que de vous-mêmes, vous ne le pouvez pas ; c'est pourquoi nous avons prêché à ceux de qui vous dépendez, afin qu'ils fassent leurs efforts pour vous y ramener. Puissent-ils, pour l'accomplissement d'un devoir, dans votre intérêt et pour le bien de l'humanité, suivre nos conseils !

Pierre Leroux, que vous n'accuserez pas d'être cléri-cal, a dit cette parole lapidaire : « Je propose d'écrire sur le Panthéon, au-dessous de cette inscription : *Aux grands hommes, la patrie reconnaissante*, cette autre inscription : *Les ouvriers travaillaient six jours, et vivaient le septième sans travailler, la Révolution est venue, et l'ouvrier a été obligé de travailler les sept jours de la semaine pour vivre* (1). »

Les faits confirment cette proposition, d'aspect para-doxal, et pourtant étincelante de bon sens et de raison.

En effet, avant 1789, le repos du septième jour était universellement observé en France, tandis qu'aujourd'hui il l'est bien peu, convenez-en. Or, comparez le

(1) Pierre Leroux : *De la Ploutocratie*, p. 181.

salaire actuel au salaire tel qu'il existait avant 1789, vous observerez qu'ils sont précisément dans le rapport de six à sept : c'est-à-dire que le salaire journalier actuel, en tenant compte de toutes les circonstances, est inférieur d'un sixième à celui qui existait avant 1789.

En d'autres termes, ce que l'ouvrier achetait avant 1789 pour 6 francs, il le paye aujourd'hui un tiers de plus, c'est-à-dire 8 francs. Ce qu'il payait avant 1789 avec son salaire de six journées, en se reposant le Dimanche, vous le payez aujourd'hui, avec votre salaire de sept journées, en travaillant le Dimanche. Qu'avez-vous donc gagné à travailler le Dimanche ? Rien, un surcroît de travail.

Vous me pardonnerez d'avoir repris sous une autre forme cette preuve sans réplique que le repos du septième jour n'ôte pas le pain de ce septième jour. Mais il convenait d'insister, tant j'attache d'importance à combattre ce préjugé, très répandu dans les classes populaires.

Le Dimanche, au point de vue de l'humanité. — Ceux qui, comme nous, encouragent les ouvriers à se reposer le septième jour, sont bien plus leurs véritables amis que ceux qui leur conseillent de travailler tous les jours, sans cesse ni repos, puisque, par là, ils abrègent leur santé et ruinent leur vie, sans gagner un sou de plus.

Le jour de repos, par les développements intellectuels auxquels il permet à l'homme de se livrer, est aussi l'origine, le point de départ des sciences, des arts et de toutes les connaissances qui font la gloire, l'honneur et la grandeur de toute nation civilisée.

S'il est le point de départ d'aussi immenses avantages, s'il est le pivot de l'ordre social, pourquoi l'avoir ainsi

négligé ? — On l'a négligé, parce que c'est à la longue
que les conséquences fatales qui résultent de son oubli
portent leur funeste fruit. La surabondance de vigueur
de l'ouvrier courageux a, sur le moment, suffi à tout ;
mais, plus tard, les maladies sont venues ; lorsqu'il a eu
le malheur de trouver beaucoup d'imitateurs, les chô-

mages se sont accrus, les salaires ont baissé, et la durée
de la vie a été abrégée. Aussi la sagesse éternelle, dont
la vue est plus longue que la nôtre, et qui d'un coup
d'œil embrasse jusqu'aux dernières conséquences de
toutes choses, avait dit : **Le sabbat est fait pour
l'homme.**

Le repos du septième jour est donc une chose sainte,
non seulement au point de vue de la religion, qui a

devancé sur ce point, comme sur bien d'autres, notre courte sagesse humaine, mais sainte aussi sous le point de vue de l'humanité.

Le Dimanche protestant et le Dimanche catholique. — J'entends encore opposer cette objection : Alors, vous voulez nous imposer un Dimanche froid et insipide qui donne le *spleen,* comme le Dimanche de certains peuples protestants ! Pour les ouvriers anglais, par exemple, le Dimanche signifie : cessation de tout travail, inertie absolue, visite des lieux publics interdite, même des cimetières, abstention de tous divertissements, même les plus honnêtes ; la Bible pour toute lecture.

Je réponds : Non ; le Dimanche catholique n'est point un jour morose, bien au contraire. C'est assurément un jour réservé à Dieu, et il est naturel que l'Église exige des croyants, pour ce jour-là, un exercice religieux court, facile, et très propre à élever nos âmes ; mais c'est aussi un jour réservé à la partie intellectuelle de notre être et aux joies de la famille. Dieu n'y défend que les « œuvres serviles », et encore celles dont il est possible de se dispenser ; Il permet et encourage tous les délassements honnêtes qui nous récréent sainement, et en particulier les occupations littéraires et artistiques qui contribuent à perfectionner notre esprit.

Le Dimanche, pour le catholique, consiste plus dans la sanctification que dans l'absence de toute occupation. Pour le protestant, il est plutôt dans l'absence de toute occupation que dans la sanctification de ce jour. Le protestant prend, avec rigidité, la lettre du précepte. Le catholique en prend l'esprit.

La religion catholique se met à la portée de l'ouvrier, elle institue des messes d'ouvriers dans lesquelles elle prie, elle médite avec eux ; elle relève, attache, émeut leurs cœurs ; Dieu Lui-même, réellement présent, les remplit d'une douce et infinie satisfaction que l'on chercherait en vain dans un froid temple protestant.

On nous ruine en fêtes ! — Depuis que ce bon M. Jean de La Fontaine a dit :

> ... Le mal est que toujours
> (Et sans cela nos gains seraient assez honnêtes)
> Le mal est que dans l'an s'entremêlent des jours
>   Qu'il faut chômer ; on nous ruine en fêtes :
> L'une fait tort à l'autre ; et monsieur le curé
> De quelque nouveau saint charge toujours son prône ;

es mots sont devenus un grand argument dans la bouche de nos modernes économistes. *On nous ruine en fêtes,* on enlève le pain de l'ouvrier, on fait tort au budget de l'industriel et du fabricant, on encourage la fainéantise, on canonise l'oisiveté. — Je réponds : La religion a fait, certes, une loi du repos, mais elle a fait aussi une loi du travail, et cette loi n'est pas nouvelle. Depuis le jour où Dieu a dit à nos premiers parents : « C'est par le travail que tu gagneras ta nourriture, tu mangeras ton pain à la sueur de ton visage » ; depuis ce jour, la loi du travail a été imposée à l'homme, et nul, dans la sphère où Dieu l'a placé, ne peut s'en dispenser sans manquer à l'ordre divin. Le travail est une loi en même temps qu'il est un châtiment. La loi du repos et celle du travail chrétien sont tellement solidaires l'une de l'autre, que Dieu ne les a pas séparées en donnant ses préceptes à son peuple et que, par une conséquence divine, celui qui enfreint depuis lors la loi du repos prescrit enfreint également la loi du travail.

La Fontaine a dit aussi :

> Il n'est si poltron sur la terre
> Qui ne puisse trouver un plus poltron que soi.

Nous dirons plus justement encore :

Il n'est si *pauvre* sur la terre
Qui ne puisse trouver un plus *pauvre* que soi.

Mais il n'y a, en définitive, sur cette terre, que des ouvriers auxquels Dieu a ordonné le travail en même temps qu'Il leur a ordonné le repos, au jour qu'Il s'est réservé. C'est à ce saint travail et à ce saint repos que nous les convions les uns les autres.

(Antonin D'INDY.)

IV

Le Dimanche, jour du Seigneur et jour de l'âme. — On s'afflige de la démoralisation croissante et des doctrines perverses qui tourmentent notre cher pays. Parmi les causes d'un mal si profond, la violation du Dimanche est au premier rang. Le peuple, en perdant son Dimanche, n'a pas perdu seulement les joies bienfaisantes de l'Église et de la famille, il a perdu encore l'instruction chrétienne, ses croyances, ses notions morales, que devait raviver, chaque septième jour, la parole du prêtre. Il a perdu la prière qui élève, console et purifie, en rapprochant de Dieu, source ineffable de toutes les joies innocentes. Il a perdu l'espérance à une vie meilleure; faut-il s'étonner qu'il tombe dans la tristesse et dans le désespoir, qu'un long gémissement sorte de sa poitrine, et qu'un murmure précurseur de la tempête retentisse dans la demeure du pauvre?

Jour du Seigneur et jour de l'âme, le Dimanche est également le jour de la famille. Pauvres ouvriers, vous croyez, par votre travail défendu du Dimanche, ramasser, pour votre famille, un héritage plus considérable. Hélas! Vous ne faites qu'amasser sur elle les sévérités du Dieu vengeur.

Si vous oubliez, si vous négligez votre âme, du moins

vous aimez votre famille. La famille, nom suave à la bouche et délicieux au cœur ; la famille, c'est-à-dire un père, une mère, un frère, une sœur, ce qu'il y a de plus doux au monde. Eh bien ! voulez-vous en faire le sanctuaire du respect, de l'obéissance, du devoir et de l'amour, le rendez-vous des joies les plus pures, des émotions les plus vives, des épanchements les plus intimes, sanctifiez le jour du Dimanche.

Le fils du profanateur du Dimanche en révolte contre l'autorité paternelle. — Pères de famille, vous ne venez plus à l'église le Dimanche. C'est pourtant là qu'en face de tous les fidèles, en face de votre femme et de vos enfants, au nom de Dieu même, la plus haute dignité vous est conférée. C'est là que la main du Seigneur affermit la couronne sur votre front de père ; c'est là que l'autorité de Dieu devient la sanction de votre autorité. Mais non, comme tant d'autres, vous avez voulu régner seuls et sans Dieu ; aussi voyez les conséquences : la désobéissance et le mépris habitent votre maison. De petits révoltés de quinze ans font une opposition acharnée à ce qu'ils osent appeler la tyrannie paternelle ; vous n'êtes plus les maîtres dans votre propre domaine. Vous avez voulu régner seuls et sans Dieu, et la famille a eu aussi ses émeutes et ses révolutions ; le sceptre a été arraché des mains du père et de la mère, et ces rois déchus restent humiliés, dégradés, au foyer domestique, quand on ne les trouve pas repoussés et mendiants sur le chemin du malheur.

Attendez, pauvres parents, attendez la vieillesse, et vous verrez ce que deviennent un père et une mère qui, en profanant le Dimanche, qui, en détournant leurs enfants de la fréquentation du lieu saint, leur ont appris

.e mépris de Dieu, le mépris de la plus auguste, de la plus sainte des paternités.

M. l'abbé Mullois (1) va vous le dire, à son tour, dans son style ému :

Voyez le fils du profanateur du Dimanche ; il a à peine seize ou dix-huit ans, et il fait déjà trembler. On ne sait déjà plus qu'en faire. Déjà ses passions bouillonnent dans son âme, il y a en lui comme une voix de l'enfer qui lui crie : *Lève-toi, grandis vite, bien vite, et rends à ton père tout ce qu'il a fait endurer à Dieu.* Désobéis, dépense, dévore, abreuve-le d'amertume et chasse-le dans la tombe, comme il a essayé de chasser Dieu de la terre.

C'est un fait d'expérience : l'homme qui profane le Dimanche est presque toujours malheureux dans ses enfants.

Procès et condamnation de la saint lundi. — Considérez, mes amis, que la loi du Dimanche est un dédommagement à l'inégalité des conditions et comme une barrière contre la dureté que montreraient des maîtres cupides. L'éternelle sagesse a donc pris soin de défendre le pauvre ; et, dans la loi du repos, elle a posé une barrière à la dureté et à la cupidité. Bien plus, elle a cherché à défendre l'homme contre lui-même, en le sauvant des entraînements de sa convoitise ou des conseils d'une méfiance injurieuse à la bonté divine. De là, ces limites imposées à nos forces physiques.

Et n'est-ce point là la triste explication et, en même temps, la honteuse origine de ce hideux lundi, substitué, en tant de lieux, à la salutaire observation du Di-

(1) M. l'abbé Mullois : *Le Dimanche au peuple.*

manche ? Lundi ! jour, non de repos, mais de surexcitation fébrile, mille fois plus funeste à la santé que ne le serait la continuation même du travail ! Lundi, jour qui n'a point de souvenirs pour élever l'âme et la rafraîchir, et que n'illumine aucun rayon de sainte espérance ! Lundi, jour de débauche, jour d'orgie, jour où la joie éclate en chants obscènes, dont les fêtes sont les

danses lubriques, et dont le temple est l'ignoble cabaret ! Ah ! puisqu'il faut bien une interruption à ces labeurs qui vous consument, puisque, bon gré mal gré, vous êtes obligés de reconnaître la sagesse de la loi divine, dites, mes chers malheureux amis, pourquoi ne l'observez-vous pas au jour que Dieu Lui-même a fixé ? Ah ! du moins, le son des cloches, que n'étoufferait plus le bruit du marteau, parvenant à vos oreilles, éveillerait dans vos cœurs quelques doux sentiments ; la piété de vos enfants vous reporterait involontairement vers ces années d'innocence où vous étiez meilleurs et plus heureux; que sais-je? l'inaction vous conduirait peut-être dans nos églises que vous ne connaissez plus; vous y entendriez des conseils utiles, des paroles consolantes. Sans doute, hélas! vous n'en sortiriez pas chrétiens sur-le-champ, mais au moins vous vous conserveriez ce que trop souvent vous avez cessé d'être : vous vous conserveriez hommes !

Les plus nobles esprits de notre temps, le comte de Montalembert, dans le rapport déjà cité, MM. d'Olivier et Keller, le R. P, Lacordaire, le cardinal Perraud, Mgr Turinaz, ont stigmatisé ce repos du lundi en des termes que nous voudrions pouvoir reproduire. M. Schmitt (1), bien connu des ouvriers, l'a fait dans un tour vif, bref, familier et mordant, qui s'adapte bien à vos allures :

Méfiez-vous ! le loup a réendossé la défroque de Guillot ! Il n'écrit plus sur son chapeau : *C'est moi qui suis le socialisme ;* sa voix enrhumée ne hurle plus : *Droit au travail ! Phalanstère ! Icarie ! Égal échange ! Ateliers sociaux !* A ces mots usés qui le trahiraient il a substitué : *Le Dimanche ! — la faim ! — la conscience !*

Travaillez, travaillez toujours, vous crient-ils. Tout a besoin de repos dans la nature, nous en convenons ; mais vous qui êtes les rois de cette nature que vous domptez, que vous transformez dans vos fourneaux, sous votre marteau et de mille autres manières, vous devez être au-dessus de ce besoin ; vous n'en avez qu'un, celui de manger; et *tout jour sans travail est un jour sans pain.* Ceux qui sollicitent pour vous le repos du Dimanche ne s'engagent pas à vous nourrir ce jour-là ! De quoi se mêlent-ils donc ?

Encore si c'était le repos du lundi, à la bonne heure ! Ce nom-là rime à quelque chose : à décadi, par exemple, et

______

(1) *Aux ouvriers, la vérité sur l'observation du Dimanche.*

lundi, comme chacun sait, a le privilège refusé à Dimanche d'apporter son pain tout cuit.

Le retour du profanateur du Dimanche au travail païen. — Sans doute, le fils du chrétien est sou-

vent encore un honnête homme. Avec le lait de sa mère, il a sucé des principes de vertu et d'honneur ; il a appris à respecter son père, et un jour à son tour il aimera ses enfants. Mais s'il n'est pas lui-même religieux, si, content d'être honnête homme, il ne retrempe pas son sang à la source sainte, son fils à lui ne sera plus qu'un pauvre sujet. Le mauvais fond de la nature humaine reprendra le dessus.

Écoutez M. Keller, le regretté président de l'*Association pour le repos et la sanctification du Dimanche,* décrire les chutes, par degrés, et la décadence irrémédiable de la famille qu'il aura formée :

A dix-huit ou vingt ans, il dissipera en folies les salaires de ses plus belles années. Viendra pour lui le jour du mariage ; mais il n'aura ni principes d'ordre et d'économie, ni habitudes de dévouement et de reconnaissance, ni enfin cette bénédiction paternelle qui porte bonheur. Au lieu des jouissances qu'il cherchait, il trouve bientôt son foyer domestique assiégé de peines et de soucis. Le salaire qui suffisait à peine à ses plaisirs suffira-t-il à nourrir ses petits enfants ? Les aimera-t-il, lui qui n'a pas aimé ses parents ? A quoi bon le bon Dieu ? disiez-vous tout à l'heure. A quoi bon la famille ? vous répond-il maintenant. A quoi bon se fatiguer pour sa femme et ses enfants ? Aussi, gardant pour lui la part du lion, à peine leur laisse-t-il par pitié de quoi subsister.

A quoi bon Dieu, à quoi bon la famille ? disait-il. Mais à quoi bon la probité ? Si nous n'avons pas de gros salaires, ni d'économies à dépenser, à quoi bon respecter les économies et le bien des autres ? Du moment qu'on ne travaille plus que pour soi et ses jouissances, tous les moyens sont bons, et le voleur adroit gagne plus doucement sa vie que l'ouvrier.

Ainsi, descendant par degrés sur cette pente fatale, l'homme que Dieu ne soutient plus arrive au désordre, au crime, et alors, puni par la société, enfermé, condamné au travail forcé, il redevient réellement l'esclave d'il y a deux mille ans, cet ennemi qu'il faut surveiller le fouet et le fusil à la main, cet être dangereux dont l'oisiveté est fertile en complots, et qu'il faut vaincre par la force, dompter par la terreur, désarmer par la fatigue.

Si vous voulez empêcher l'homme de retomber, par son propre poids, au niveau honteux des temps païens, si vous voulez qu'il respecte ses semblables, qu'il aime sa famille, qu'il soit capable d'un noble dévouement, d'un travail libre et généreux, et d'un repos également libre et digne de lui, respectez la part de Dieu et le jour du Seigneur.

Le Dimanche et le bonheur domestique. — Opposons à ce sombre tableau les joies de l'Église et celles de la famille : reposons-nous par la contemplation de leurs secrètes affinités.

Une population qui aime les saintes veilles dans le sanctuaire de Dieu goûte les plaisirs calmes du foyer domestique. Après les heures données à l'assistance, au saint sacrifice et à la prédication de la sainte parole, voyez ces familles, revenues gaiement de nos temples avec leurs habits de fête, s'asseoir à un modeste et cordial banquet, présider aux innocentes récréations de leurs enfants, les accompagner en d'aimables promenades à travers les campagnes fleuries, et le soir recevoir leurs tendres caresses, comme pour couronner les jouissances d'une journée pleine de mérites et de consolations.

Ces sentiments sont exprimés avec un charme tout pénétré de poésie par un forgeron de Sheffield. Ce forgeron anglais, dont la vie s'était écoulée entre l'enclume et le marteau, avait su apprécier le bonheur que porte avec lui le Dimanche. Nos ouvriers français seraient-ils incapables de l'apprécier de même ?

Que la lumière semble charmante, surtout lorsqu'elle vient du jour du repos ; quand la cloche, qui rappelle Dieu au peuple, fait retentir sa voix du sein de cette tour que le doigt du temps a touchée !

Une douceur solennelle se glisse dans l'âme ; un sentiment religieux vous pénètre, vous tous qui savez que l'homme est une poussière vivante ; que Dieu est amour ; que cette terre est Son jouet passager ; que, riches et pauvres, nous sommes frères dans ce rapide pèlerinage, et que rien n'a de prix dans ce monde, si ce n'est la vertu, l'obéissance aux lois du Maître suprême, et la charité pour ses enfants. Salut, jour du repos ! jour de bonheur et de paix ! les villes se taisent ; le marteau, la roue, la scie, la lime, ne fatiguent plus la pensée ; le commerce n'a plus de combats ni de chômeurs ; lassé d'une semaine laborieuse, l'homme de la ville cherche la campagne : il est donc libre !

Pas une odeur qui, émanée de la fleur des champs, ne soit un délice pour lui ! Il porte envie au vautour lointain qui se balance dans les nuages, et il est libre comme lui ! Il aime ces aspects du ciel dont les vapeurs changeantes ouvrent un Éden à ses regards. Ses petits enfants sont avec lui, cherchant des fleurs, chassant le papillon aux ailes d'or.

Il renoue alliance avec la nature ; il retrouve une joie dans les bourgeons de ces arbres, une volupté dans ces fleurs épanouies, un bonheur profond dans le regard de ses enfants heureux.

Puis il offre sur cet autel sublime, au milieu de ce temple de Dieu, sa joyeuse reconnaissance à l'Être éternel, créateur de cette harmonie, conservateur de cet univers ; et, les larmes aux yeux, il oublie que l'homme, à force d'injustices, a changé ce paradis en enfer.

Profession de foi d'un ouvrier de Rouen, candidat à l'Assemblée nationale, aux élections de 1849. — Cette citation de l'un des vôtres, mes amis,

prouve que le plus grand débouché pour l'industrie provient du Dimanche. D'où découle cette conséquence : le Dimanche, contre lequel beaucoup d'industriels et beaucoup d'ouvriers s'élèvent, est pourtant leur gagne-pain : à tel point que, si le plus grand nombre faisait comme eux, ne le respectait pas plus qu'eux, ils en seraient les premières victimes.

Nous demandons, disait la profession de foi ouvrière, que le travail du Dimanche soit aboli dans toute la France. Nous avons besoin d'un jour de repos : un travail continuel aurait bientôt épuisé nos forces et nous aurait rendus, avant l'âge, incapables de travailler. Ensuite, nous demandons cette abolition comme conséquence de la liberté des cultes et comme garantie de la prospérité de l'industrie et du commerce ; car, si un chef d'atelier peut encore, sous l'empire de la liberté des cultes, dire à un pauvre ouvrier : « Tu viendras travailler Dimanche, ou je te donne ton livret », que devient cette liberté, sinon un mot illusoire ? Et puis, ôtez le Dimanche, qu'il faudrait inventer si Dieu ne l'eût créé avec le monde, sans parler des habitudes de propreté, de sociabilité et de bienséance qui tombent avec ce jour, sans parler des réunions de famille et des épanchements de l'amitié qui disparaîtraient, que deviendra l'industrie? Elle tombe, et le commerce est paralysé ; car toutes les machines qui entassent les marchandises dans nos ateliers, tous nos bras qui se meuvent autour de ces machines ne travaillent que pour le Dimanche. C'est pour ce jour que les industriels réservent les plus beaux produits de leurs manufactures. Ainsi, tous les jours semblent n'avoir de vie que pour le Dimanche.

Le Dimanche dans ses points de contact avec les intérêts de l'homme et de la société. — Si vous voulez conjurer les fléaux suspendus sur vos têtes et échapper à la barbarie qui vous envahit, mes amis, le plus pressant des devoirs est de faire cesser parmi vous la scandaleuse, la désastreuse profanation du Dimanche. Oui, vous le devez, et, du jour où vous le voudrez, vous le pourrez (1).

1º Vous le devez, si vous tenez encore tant soit peu à la religion de vos pères qui, après tout, est l'unique source des avantages temporels que vous estimez exclusivement. En effet, *la profanation du Dimanche est la ruine de la religion.*

(1) M. l'abbé GAUME : *La profanation du Dimanche, considérée au point de vue de la religion, de la société, de la famille, de la liberté, du bien-être, de la dignité humaine et de la santé.*

2° Si **vous ne tenez plus** à votre religion, vous le devez encore, si vous tenez à la société humaine qui protège votre fortune, votre liberté, votre vie. En effet, *la profanation du Dimanche est la ruine de la société*.

3° Si vous ne tenez plus à la société, vous le devez encore, si vous tenez à la famille, le seul bien commun qui nous reste aujourd'hui. En effet, *la profanation du Dimanche est la ruine de la famille*.

4° Si vous ne tenez plus à la famille, vous le devez encore, si vous tenez à la liberté, pour laquelle vous professez un culte si ardent. En effet, *la profanation du Dimanche est la ruine de la liberté*.

5° Si vous ne tenez plus à la liberté, vous le devez encore, si vous tenez à votre bien-être, objet de tous vos labeurs. En effet, *la profanation du dimanche est la ruine du bien-être*.

6° Si vous ne tenez plus à votre bien-être, vous le devez encore, si vous tenez à votre dignité d'homme, à cette dignité dont vous vous montrez si jaloux. En effet, *la profanation du dimanche est la ruine de la dignité humaine*.

7° Si vous ne tenez plus à votre dignité d'homme, vous le devez encore, si vous tenez à votre santé et à la santé de tout ce qui vous est cher. En effet, *la profanation du dimanche est la ruine de la santé*.

Voilà un exposé qui, avec la dialectique vive et serrée de l'éloquent abbé Gaume, est éminemment propre à vous pénétrer de la question capitale de la sanctification du Dimanche! Retenez bien ceci : c'est que, comme toutes les autres, elle demande surtout de la volonté, une bonne volonté à toute épreuve.

V

Ouvriers, vous pouvez être mieux vêtus et mieux nourris qu'autrefois, mais vous êtes certainement moins

heureux, et ceux qui vous emploient bien moins tran-
quilles. Vous avez la tentation de devenir envieux, me-
naçants, débauchés, prêts à devenir les ennemis d'une
société à laquelle vous êtes disposés à venir un jour
demander compte du mal qu'elle vous a fait, en tolérant
un système qui vous enlève tout enseignement moral
et toute consolation religieuse. La religion seule est capable de moraliser l'homme, enclin au mal dès son en-
fance. Mais comment voulez-vous que la religion, quelque puissante qu'elle soit par elle-même, agisse sur
vous, dont elle ne peut se faire voir et entendre que
de loin en loin ! Sans la sanctification du Dimanche, point
d'instruction religieuse, sans instruction religieuse,
point de morale solide ; sans morale solide, point de
conscience ; sans conscience, point de liens sociaux,
point de sécurité sociale, point de société.

Il faut donc appliquer résolument les remèdes per-
mettant de diminuer le travail, prétendu nécessaire, du
Dimanche ; il faut guérir, de notre mieux, cette plaie
qui fait tant de victimes dans les classes ouvrières.

Nous ne prétendons indiquer ici que quelques-uns
des principaux remèdes au mal.

**Chômage des usines, à partir du samedi à
midi.** — Pour vous autres ouvriers, le premier de ces
moyens serait le chômage à partir du samedi à midi,
tel que le pratique couramment l'industrie anglaise. Le
reste de la journée est consacré aux réparations des
machines et aux petits travaux domestiques, si bien
que, le Dimanche, du matin au soir, tout le monde est
libre.

Ce chômage fonctionne à Roanne, dans la Loire. En
voici l'origine et l'organisation, exposée par un correspondant bien placé pour me renseigner :

Un industriel roannais, au sortir d'une audience accordée
par le pape Pie IX et dans laquelle le Souverain Pontife
proclamait l'obligation du repos dominical, en avait conclu à
l'avantage de cesser le travail dans son usine le samedi dès
midi. Cette décision découlait de ce fait que, dans nos usines roannaises, le personnel est composé en partie d'hommes, en partie de femmes. Le travail se continuant le sa-

medi jusqu'au soir, l'ouvrière était contrainte de sacrifier la
matinée du dimanche aux exigences de son ménage : dès
lors, le repos dominical était compromis et, ce repos étant
compromis, les devoirs religieux se trouvaient singulière-
ment menacés ; il en résultait, en outre, un sensible accrois-
sement de fatigues. Le chômage du samedi vint obvier à ces
inconvénients.

Lorsqu'il fut concédé dans une usine, tout le monde fut
frappé de l'avantage de cette mesure et des facilités qu'elle
présentait. Il y eut donc, à la base, un fait qui provoquait la

réflexion, surtout qui s'imposait par ses hautes raisons. L'imitation fut rapide, et bientôt l'accord se fit universel. La concession était d'autant plus aisée que l'industrie locale, très prospère en ces temps déjà éloignés, réalisait des bénéfices considérables. Depuis lors, et quand même la prospérité diminua, le chômage du samedi fut respecté. Il demeure une source de grands bienfaits pour notre population.

Nous demandons respectueusement aux chefs d'industrie de nos autres contrées de s'inspirer de l'exemple fourni par leurs collègues du bassin de la Loire.

M. Léon Harmel, l'honorable manufacturier du Val-des-Bois (Marne), nous adressait une réponse dont nous consignons avec reconnaissance la plus grande partie :

... Au point de vue industriel, le repos du dimanche n'existera véritablement tout entier que lorsque nous aurons la demi-journée du samedi.

L'homme est plus que la marchandise qu'il travaille ; par conséquent, ses besoins moraux et matériels doivent passer au-dessus de la production, mais dans le fait la production n'a rien à souffrir, car le travail est bien plus intense, les perfectionnements et la machinerie deviennent toujours plus parfaits et la production augmentera toujours constamment, malgré toutes les entraves que pourront y mettre le repos du dimanche le plus absolu et la diminution des heures de travail. Il y a donc là une question tout à fait spécieuse et qu'il faudrait pousser énergiquement.

Dans notre propre usine, nous n'avons jamais tant produit par jour et par métier que depuis le travail de dix heures, parce que le travail a acquis en intensité ce qu'il perdait par la fatigue du travail inhumain de douze heures.

C'est pourquoi il n'y a pas de raison économique contre le repos du dimanche qui tienne devant l'examen approfondi et devant l'expérience. Les Anglo-Saxons sont devenus les maîtres du monde au point de vue industriel, et ils le doivent en partie à l'observation scrupuleuse du repos du dimanche.

Les hauts fourneaux, qu'il faut alimenter régulièrement de combustible et de minerai, présentent, nous le savons, des difficultés particulières : on y peut remédier, du moins partiellement, par des roulements d'équipes, d'un dimanche sur l'autre. — Entre tant d'autres patrons, M. André, maître de forges à Cousances (Meuse), auteur d'études techniques appréciées (1), n'a-t-il pas déposé ce témoignage : « Le résultat du repos du Dimanche, c'est un meilleur entretien des appareils, la diminution des causes d'accidents et la régularité dans la fabrication. En outre, il faut signaler, comme avantages, la conservation des forces, de la santé, et la possibilité de remplir ses devoirs religieux. »

Emploi du dimanche : remise en honneur des jeux populaires. — Nous avons critiqué plus haut l'esprit protestant, qui a fait du Dimanche anglais un repos fastidieux et *forcé*. Notre dimanche catholique, à nous autres Français, est le jour du repos, du bon temps de la famille.

Comment l'emploierez-vous ? — D'abord, à aller à la messe, si vous voulez agir en bons chrétiens, et vous ferez très bien. Quel péril, je vous le demande, courez-vous à y aller ? Quel danger à entendre un sermon qui vous rappellera ce que vous avez à faire pour être honnête homme, bon père, bon fils, bon mari, bon citoyen, bon chrétien enfin ? Quel mal surtout à ce que votre femme, vos enfants, y aillent pour apprendre à vous aimer et à vous obéir ? — Mais enfin, parce que vous vous reposerez le Dimanche, vous ne serez pas *tenus* pour cela d'aller à la messe, et appréhendés au corps

____

(1) H. ANDRÉ : *Le Repos du Dimanche dans les forges-laminoirs* (Libr. Briquet, Saint-Dizier).

par quatre gendarmes, jusqu'à ce que vous ayez entendu le sermon. Ceux qui voudront s'en dispenser — à leur grand tort, m'est avis, — ceux-là seront parfaitement maîtres de leur temps, et s'ils se croisent les bras toute la journée, c'est que ce sera bien leur fantaisie. Car d'abord, au lieu de se croiser les bras, ils peuvent se délier les jambes, aller flâner, muser, prendre l'air, visiter les amis, jouer à la boule, aux quilles ou aux cartes, faire en famille de joyeuses parties de plaisir. Auriez-vous dégénéré, mes amis ? N'aimeriez-vous plus à aller voisiner, à aller rendre visite aux parents des fermes des environs, à faire avec eux un petit repas de famille, à aller visiter les collections de nos musées ?

Donc le Dimanche sera le jour de la gaieté, du bonheur, de la famille, si vous vous remettez tous à l'observer. Gardons nos fêtes et nos dimanches, mes amis, gardons-les soigneusement, et à notre tour ils garderont notre santé, notre joie, notre caractère national et enjoué de bons Français.

Le beau mal à manger, le Dimanche, du pain rassis ! — Sachons nous faire violence, nous gêner quelque peu, et nous donnerons aux autres quelques bribes de ce doux repos, de cette saine liberté du Dimanche, dont nous sommes si friands. Pour des riens, nous sommes certainement cause que bien des marchands violent l'observation du Dimanche. Par exemple, cette exigence du pain frais le Dimanche, alors que du pain rassis, ce jour-là, ne démolirait ni nos dents, ni notre estomac.

Vous n'y pensez pas, dites-vous ! Piètre excuse. Écoutez donc les plaintes du malheureux boulanger qui vous conte ses peines et ses fatigues incessantes, et vous serez peut-être, à l'avenir, moins égoïstes et moins gourmands.

Voilà la vie que je mène, gémit-il. Tous les soirs à sept heures commence mon travail de pétrissage et de cuisson de pain ; je fais plusieurs fournées pendant la nuit : le tout est terminé à sept heures du matin. Je quitte alors l'atelier ; je me hâte de déjeuner et de me coucher, pour remplacer ma nuit. Voilà mon genre de vie de toute l'année! Je serais le plus heureux des hommes si je pouvais me reposer un seul jour de la semaine, si je pouvais avoir mon Dimanche à moi,

afin de vivre en famille, de voir mes enfants qui me connaissent à peine, car ils dorment, quand je veille, et ils veillent quand je dors.

Voilà donc un homme qui n'assiste pas aux offices du Dimanche! sans doute, il le pourrait, à la rigueur ; mais un peu d'indifférence et beaucoup de fatigue — on en juge à la pâleur de son teint — lui font chercher son lit.

Nous ne savons quel compte il aura à rendre à Dieu de sa conduite, mais nous-mêmes, qui contribuons à sa fatigue en exigeant du pain frais le Dimanche, n'en aurons-nous aucun à rendre ?

Réunions du Dimanche dans nos Patronages, — Enfin, mes amis, vous n'avez rien tant à cœur que le bonheur de vos enfants : issus de votre sang, ils sont l'objet si cher pour lequel vous vous consumez, pères et mères, en travaux, en veilles, en soucis de toutes sortes ! Si vous voulez les soustraire à ce Dimanche païen, vers lequel roule vertigineusement une société de plus en plus étrangère aux usages, aux sentiments chrétiens, faites inscrire vos enfants, veillez à leur assiduité dans ces œuvres de Jeunesse disposées à leur ouvrir leurs portes toutes grandes. Placez-les dans nos Patronages catholiques, ces œuvres amies de la classe ouvrière, où ils trouveront récréations et délassements en compagnie de jeunes gens, de jeunes filles de leur âge. Ces excellentes et tutélaires institutions leur signaleront des ateliers, des maisons d'apprentissage. Vos fils, vos filles, deviendront ainsi, à leur tour, des ouvriers chrétiens, de bonnes ouvrières, tous destinés à continuer des familles, élite et sauve-garde de la patrie, honneur de notre société.

BIAIS FRÈRES et Cie

74, rue Bonaparte, Paris

Chasublerie, Orfèvrerie, Lingerie,

Bronze d'Église

Tentures et Décorations

Spécialité de Drapeaux et Bannières

pour Paroisses, Confréries, Patronages.

Envoi franco de Catalogues et projets sur demande

LIBRAIRIE CATHOLIQUE EMMANUEL VITTE

Société anonyme au capital de 900.000 francs

LIBRAIRIE — IMPRIMERIE — PAPETERIE
ORNEMENTS D'ÉGLISE

LYON	**PARIS**
3, place Bellecour, 3	14, rue de l'Abbaye, 14

La Librairie Catholique Emmanuel Vitte, fondée en 1882, a pris pour but la diffusion et la défense de l'idée religieuse dans tous les domaines de la pensée et de l'action. Elle s'efforce de réaliser son programme par un ensemble de publications destinées à venir en aide aux œuvres d'éducation, de propagande et de préservation, et à répondre aux besoins et aux aspirations du clergé et des catholiques de toutes conditions.

La Librairie Catholique Emmanuel Vitte tient à la disposition de sa clientèle et envoie *franco* à qui en fait la demande :

Le *Catalogue de ses ouvrages de fonds, autres que ses Livres classiques;*

Le *Catalogue de ses Livres Classiques et d'Éducation;*

Le *Catalogue de ses Livres de prix à prix nets;*

Le *Catalogue de sa Bibliothèque circulante;*

Son *Catalogue de Papeterie et Fournitures scolaires;*

Son *Catalogue de Chasublerie et Lingerie d'église;*

Son *Catalogue d'Orfèvrerie et Bronzes d'églises;*

Son *Catalogue de Bijouterie religieuse : Médailles, Chapelets, Croix.*

Indépendamment de ses propres publications, la **Librairie Catholique Emmanuel Vitte** se charge, pour le compte des auteurs, de l'impression et de la vente de tous ouvrages correspondant à son programme.

Elle assure à ces ouvrages une large publicité et les meilleures chances de vente.

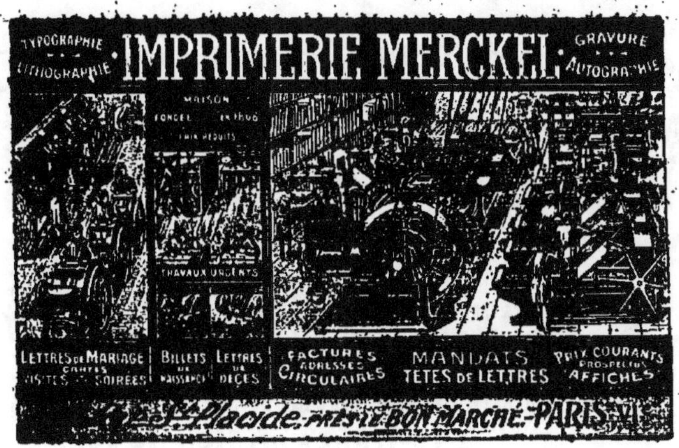

TYPOGRAPHIE
LITHOGRAPHIE
IMPRIMERIE MERCKEL
GRAVURE
AUTOGRAPHIE
MAISON FONDÉE EN 1848
PRIX RÉDUITS
TRAVAUX URGENTS
LETTRES DE MARIAGE
CARTES
VISITES SOIRÉES
BILLETS DE NAISSANCE
LETTRES DE DÉCÈS
FACTURES
ADRESSES
CIRCULAIRES
MANDATS
TÊTES DE LETTRES
PRIX COURANTS
PROSPECTUS
AFFICHES
25 R. St-Placide, PRÈS LE BON MARCHÉ — PARIS VI

ÉCOLE ET FAMILLE

BULLETIN MENSUEL

de l'Union des Associations Catholiques

des chefs de famille

Directeur : M. Jean GUIRAUD

Professeur d'Histoire

à l'Université de Besançon

Abonnements : 1 fr. 50 par an.

Le numéro : 0 fr. 20

Les abonnements partent du 1er juillet et du 1er janvier

14bis, rue d'Assas — PARIS

BROCHURES DE PROPAGANDE

14 bis, rue d'Assas — PARIS-VIe

L'Ouvrier libre, par Émile KELLER, vol.
in-18 de 164 pages 0 80

La Vie de Jeanne d'Arc, par Émile KEL-
LER 0 10

La Revanche des Francs-Maçons, par
Émile KELLER 0 05

Les Congrégations religieuses en
France, leurs services et leurs droits,
2e édition, par Émile KELLER 0 10

Le Socialisme, par P. HUBERT-VALLEROUX. 0 10

Le Dimanche de l'homme des Champs,
par Fénelon GIBON, avec une lettre
d'introduction de Mgr Turinaz, évêque
de Nancy, 5e édition 0 10

Prière de joindre aux commandes mandat ou
bon de poste, au nom de M. H. LAURENT, 35,
rue de Grenelle.